# Bärenfressende Bärenmütter haben nichts gegen dich

Wie deine Elternschaft und Mutterliebe über die Wildnis triumphiert.

Selena Johnson

Erhalten Sie ein kostenloses Malbuch nach Zahlen,
senden Sie eine Mail
nach dem Kauf an info@tellitallbooks.com

Cover gestaltet von Victor Oj
Dilly Dally Verlag


Gedruckt in den GERMANY

# Dieses Buch gehört

Im Kinderzimmer mit Babygeschrei,
Eine frischgebackene Mutter denkt seufzend
darüber nach.
Sie ist besorgt, ob sie das Richtige tun wird,
In langen, ermüdenden Nächten mit Schlafentzug.

In geheiligten Hallen, wo Wiegen schwingen,
Sie grübelt Tag und Nacht,
Mit zartem Herzen und zitternden Händen,
Sie stellt sich den Ängsten, die die Welt von
ihr verlangt.

Werde ich gut genug sein, weint sie,
Wenn das Mondlicht in ihren Augen tanzt.
Die Schreie der Kinder in zarten Jahren,
Ihr Geheimnisse ins Ohr   üstern.

Ich werde dich vor allem Unheil bewahren,
Dich jemals in meinen Armen halten?
Ich kann dir beibringen, was richtig und was
falsch ist,
Und dir das wundersamste Lied des Lebens singen?

Ihre Hände mögen zittern, ihr Herz mag rasen,
Mit jedem kleinen Atemzug, den du machst.
Aber durch ihre Sorgen, heftig und wild,
Sie ist an dich gebunden, oh kostbares Kind.

In ruhigen Räumen mit sanftem Nachtlicht,
Sie fragt sich das oft, mit dem Verstand im
Schlepptau,
Mit Herzen, die in ängstlichem Wettlauf
schlagen,
"Was wäre wenn"-Fragen, denen sie sich
stellen müssen.

"Was, wenn ich nicht stark genug bin?
Um durch glatte und raue Zeiten zu führen?"
"Was wäre, wenn ich in meiner müden
Benommenheit,
Habe ich einen Schritt im Labyrinth
der Mutterschaft übersehen?"

"Was, wenn ich ihre Schreie nicht
beruhigen kann?
Oder die Schla ieder singen, die die
Augen trocknen?"
"Was, wenn ich nicht genug Milch produziere?
Um ihre wachsenden Bedürfnisse
zu befriedigen?"

## Was wäre wenn?...

# WIE SOLL ICH DAS MACHEN?

Werde ich mich jemals wieder wie früher fühlen?

WIRD DAS LEICHTER WERDEN?

WIE LANGE KANN ICH MEIN BABY WEINEN LASSEN?

IST FERNSEHZEIT SCHLECHT FÜR MEIN BABY?

IST DER STUHL MEINES BABYS NORMAL?

IST MEIN BABY HUNGRIG ODER EINFACH NUR EINSAM?

IST DAS BLÄHUNGEN ODER DREIMONATSKOLIKEN?

TREFFE ICH DIE RICHTIGEN ENTSCHEIDUNGEN FÜR MEIN

MACHE ICH DAS RICHTIG?

Werde ich die Fläschchen meines Babys für immer sterilisieren?

Sollte ich mein Baby wecken oder es schlafen lassen?

Aber, liebe Mama, bitte versteh doch,
Dass Zweifel und Ängste oft Hand in
Hand gehen,

Du wirst lernen, du wirst wachsen, du wirst dein-
en Weg   nden,
Mit jedem Sonnenaufgang beginnt ein neuer Tag.
Für jedes "Was wäre wenn", das Sie ertragen,
ist nur ein Beweis dafür, dass Sie sich kümmern.

Um es kristallklar zu machen
Du bist eine viel bessere Mutter als
viele andere.

Egal, wie schlecht Sie denken, dass es Ihnen
geht
Sie können nicht annähernd so gut sein wie diese
Mama-Tiere...

Del nmütter halten ihre Babys direkt nach der Geburt einen Monat lang wach. Das nennt man Schlafentzug!

Hamstermütter sind berüchtigt dafür, dass sie ihre Babys fressen, wenn sie gestresst sind. Das ist weit entfernt von einer tröstenden Umarmung!

Wenn Sie sich schuldig fühlen, weil Sie eine Woche lang Makkaroni mit Käse serviert haben, denken Sie daran, dass die Kalifornische Maus ihre Babys mit **Fäkalien füttert!**

Wenn ein Giraffenbaby auf die Welt kommt, wird es mit einem sechs Fuß tiefen Fall auf den Boden begrüßt.

Das ist ein harter Start,
denn die Giraffenmama
glaubt nicht an sanfte
Landungen!

Wenn sie dich als Schreihals bezeichnen und sagen, dass du zu laut bist, sind Beagle-Mütter dafür bekannt, laut zu heulen oder zu bellen, was für ihre Welpen Stress bedeuten kann.

Das ist nicht gerade ein Wiegenlied!

GoldFischmütter sind dafür bekannt, dass sie ihre eigenen Eier essen, nachdem sie sie gelegt haben.

# Ein unerwartetes Brunch-Menü!

Bärenmütter sind dafür bekannt, dass sie ihre Jungen aussetzen oder sogar auffressen, wenn die Nahrungsressourcen knapp sind.

Sie stellen ihr Überleben über das ihrer Jungen.

Wenn sie dich als
Pushover bezeichnen...

Manche Sittichmütter stoßen das schwächste Küken aus dem Nest, um mehr Ressourcen für die stärkeren Küken zu sichern.

Wenn du ein schlechtes Gewissen hast, weil du zu spät kommst:

Stockentenmütter führen ihre Entenküken oft gleich nach dem Schlüpfen auf Marathon-reisen, manche Entenküken halten da nicht mit. Keine Pause für die Neugeborenen!

Kaiser-Skorpion-Mütter können in Stresssituationen oder bei ungünstigen Bedingungen dazu übergehen, ihre Babys zu essen.

Wellensittichmütter legen mehr Eier, als sie

versorgen können, und vernachlässigen oft die Kleinsten. Das nennt man Überbuchung!

Die Mütter von Blau-
fußtölpeln erlauben dem
stärkeren Küken, sein
Geschwisterchen zu töten,
wenn es sie der Bevorzu-
gung bezichtigt. Es ist wie
eine vogelkundliche
Version von "Survivor"!

Eine Termitenkönigin kann bis zu 30.000 Eier pro Tag legen und diese von ihren Nachkommen versorgen lassen. Das ist ein Fließband von Geschwistern!

**Perlhühner:** Diese Perlhuhnmütter lassen ihre Küken in einem sehr jungen Alter im Stich und zwingen sie, für sich selbst zu sorgen. Das ist ein Crash-Kurs im "Erwachsenwerden"!

Wenn Sie sich schlecht fühlen, weil Sie eine Schulaufführung verpasst haben, weil Sie arbeiten müssen, lassen Seehundmütter ihre Jungen oft allein am Strand zurück und setzen sie damit einer möglichen Gefahr aus, während sie auf die Jagd gehen. Urlaub am Meer kann

**gefährlich sein!**

Entenmütter lassen auf der Wanderung oft langsamere Entenküken zurück. Das Überleben des Stärkeren!

Hängebauchschwein-mütter rollen sich oft versehentlich auf ihre Ferkel, was für die Un-glücklichen das Ende be-deutet. Das ist die harte Realität im Schwein-estall!

Wenn man sich schämt, dass man die Zahnfee vergessen hat...

Putenmütter verlieren ihre Jungen oft aus den Augen und bemerken nicht, wenn sie sich verirren oder zurückgelassen werden. Das klingt nach einem Problem mit der Anzahl der Tiere!

Schimpansenmütter lassen ihre Kinder erbittert um die Vorherrschaft kämpfen.

Es ist ein echter
Dschungel da draußen!

Also...

Wenn die Tage lang und die Nächte hart sind,
Und Sie haben das Gefühl, dass Sie gerade
genug haben,
Denken Sie an die Viecher in diesem Band,
Und dann schauen Sie sich in Ihrem nähren-
den Zuhause um.

Anders als der Skorpion, schlingst du nicht runter,
Deine kostbaren Babys mit hungriger Miene und Gemunter.
Du lässt sie nicht hungern oder verlässt sie wie manch Tier es tut,
Du fütterst sie mit Liebe, nicht mit Kot, Tag und Nacht voller Glut.

Mit jedem Kuscheln und jedem Wiegenlied,
In deinem Herzen weißt du, dass du dein Bestes tust.
Während wilde Mütter ihre Kinder dem Schicksal überlassen können,
Du baust einen Zu uchtsort, oh so großartig.

Durch Tränen und Lachen, durch immer neue Prüfungen,
In kleinen Augen wird die Liebe zurückgespiegelt.
Mit jeder Bandage und jedem sanften Wort,
In Ihrem Kind wird der Geist eines Kriegers geweckt.

Also, an alle Mütter, verbeugt euch, fasst euch
ein Herz,
Du bist der Anker des Lebens, ein ewiges
Kunstwerk.
Nehmt diese Trophäe und haltet sie in eurer
Hand,
Denn du hast die höchste Grenze der Liebe
erreicht.

Sei stolz, steh aufrecht, durch den Sturm bist du gesegelt,
Mit der Liebe als Kompass haben Sie sich durchgesetzt.
In der Tapisserie des Lebens, gewebt mit dem Elan der Liebe,

Denken Sie immer daran, dass Sie als Mut-ter die Allerbeste sind.

# Das Ende

www.ingramcontent.com/pod-product-compliance
Lightning Source LLC
Chambersburg PA
CBHW070944120626
46546CB00004B/1550